Índice

Presentación, por Guadalupe Lizárraga 3

Prólogo 5

Había una vez… 10

Introducción (al reclusorio) 12

¿Es posible tener la sensación
de que se muerda el alma?..22

Jueces de Consigna...25

Tabla de precios y cotizaciones individuales
en Reclusorio Oriente...32

La cólera de Dios se escribe en femenino 39

Segunda Introducción a la Cárcel.............................50

Personajes huérfanos 54

El Rancho 62

Los presos "importantes" 66

Injusticia para todos 78

Montoneros. Mi servicio exterior.............................82

Madrugada del 30 de abril de 2016 90

La magistrada 97

Presentación

Ramsés Ancira, periodista independiente y escritor multimedia, colaborador de *Los Ángeles Press*, ha sido galardonado con el Premio Bellas Artes de Testimonio Carlos Montemayor 2016 por su texto "Reportero encubierto". Él fue encarcelado el 12 de abril de 2016, sin juicio ni sentencia. Al estilo de los agentes ministeriales torturadores de la PGR, dos hombres vestidos de civil lo "levantaron" y lo llevaron directamente al Reclusorio Oriente de la Ciudad de México. Después supo que se trataba de una acusación formulada cuatro años antes, por el delito de fraude procesal relacionado con un bien inmobiliario del que incluso desconocía a su acusadora.

> "No fue sino hasta el 12 de abril de 2016, alrededor de las 19:00, cuando se me obligó a introducirme en un automóvil sin identificaciones ni rótulos de autoridad alguna, que me enteré de que se había librado una orden de aprehensión en mi contra y que fui conducido al Reclusorio Oriente, sin que se me hubiera permitido hablar antes con un Ministerio Público o representante de la parte acusadora".

A partir de ahí, Ramsés y su familia han vivido una pesadilla como todas las víctimas de delitos fabricados. Sin embargo, en su tiempo de reclusión nunca dejó de ejercer el periodismo, y creó la columna *Diario de un reportero* –que periódicamente publicamos en este medio– donde narra espeluznantes casos de injusticia dentro del penal. Este ejercicio es el que titula "Reportero encubierto", y que dio pie al Premio Bellas Artes.

Guadalupe Lizárraga

Prólogo

Esa mañana de mayo de 2016, en la Conferencia de Prensa a la que convoqué para proponer ideas que mejoraran la vida de los internos de las prisiones, pensé que estaba cumpliendo con el objetivo que me había propuesto de darle un sentido a una experiencia que yo consideraba a todas luces injusta y arbitraria.

Me alentaba la presencia de varios canales de televisión abierta y de cable.

No pretendía hacer una denuncia escandalosa; de esa forma afectaría a miles de personas que han tenido que acomodarse a las reglas que sostienen un banco clandestino, al que ingresan alrededor de 40 millones de pesos al mes tan solo en el Reclusorio Oriente de la Ciudad de México.

Finalmente, los únicos cambios que pretendía lograr, en primera instancia, eran el acceso al agua potable en los bebederos –siempre secos– y que todos los presos tengan el derecho a usar los excusados, no solamente los que podían pagar cinco pesos en el área de primer ingreso. En el área de ingreso el Reclusorio

Oriente cuenta con un solo excusado funcional y otro al que hay que acercarle agua en cubetas para limpiarlo, para más de 400 personas que, en los días de visita, se multiplican por dos.

Al día siguiente busqué la nota de la conferencia. Sí, varios medios alternativos la publicaron con generosa disposición, pero no estaba en *El Universal*, mucho menos en *TV Azteca*, quizá porque el banco del mismo nombre, Azteca, tiene la franquicia para hacer depósitos en los reclusorios, a través de tres o cuatro cuentas que se abren a la semana a nombre de personas con un solo apellido. Ese dinero se entrega al preso, menos el 15 por ciento de comisión, menos los cinco pesos por recibir el mensaje con la fotografía del *boucher* del depósito.

El hombre en busca de sentido es uno de los libros que un prisionero me prestó en la celda. El siquiatra que lo escribió decía que el sentido de la vida no se debe buscar a través de todo el tiempo que dura esa vida, sino de cada día que transcurre.

Tras la conferencia de prensa no sentí que ocurriera nada.

Denunciar esas mínimas cosas que podían hacer la diferencia, como la humillación de los "bombonazos", esas cachetadas que se aplican sobre todo a los jóvenes que no alcanzan al pase de lista. Una "fajina" que permitiera hacer los trabajos de limpieza del penal, sin la degradación extrema de arrastrar cientos de litros de agua con una cobija hasta llegar a una coladera, para exprimirla y empezar de nuevo; que la gente pudiera defecar sin hacer uso de las coladeras abiertas, estuvieron entre los objetivos para darle sentido a mi experiencia en prisión.

El otro fue la liberación de Víctor Manuel Cervantes, un ingenuo e inteligente joven oaxaqueño que estaba preso por aceptar, caballerosamente, ayudar a una joven coqueta que le pidió cargarle una mochila en la línea 9 del metro, la cual contenía teléfonos móviles que ella acababa de robar junto con un cómplice. El abogado de oficio le recomendó confesarse culpable. Le aseguró que como primo delincuente sería fácil que obtuviera la fianza.

Víctor Manuel confió en la justicia pero llegó la sentencia, y por el valor del monto robado le negaron la fianza. La joven que lo involucró y otro sujeto participante en el robo quedaron libres. Él no, por lo menos hasta el momento de escribir estas líneas.

De manera que los intentos de darle sentido a la experiencia carcelaria se habían quedado en eso, en intentos fallidos.

Pero las cosas no se terminan hasta que se terminan.

Entre varias de las personas que vivieron la experiencia carcelaria por primera –y esperaban única vez–, había otro método compartido para buscarle sentido a la amarga vivencia: escribir un libro.

Pero tal parece que una vez con la libertad recuperada, lo único que ellos querían era olvidar todo lo que les recordara la cárcel.

Al momento, Víctor Manuel está preso; las autoridades no han dado la menor señal de querer resolver las cosas mínimas que podrían hacer, de la vivencia en reclusorios, una experiencia menos indigna; y yo estoy escribiendo este testimonio para darme una oportunidad más de buscarle sentido a este fragmento de mi vida.

Había una vez...

Esta no es una historia con final feliz.

Tortura, que algo queda.

La cárcel al México del siglo XXI es lo que la Encomienda al siglo XVI.

"Ahora que van a estar afuera muchos de ustedes van a tener el deseo de quitarse la ropa beige y quemarla para no recordar la cárcel. Mejor, les aconsejo, rocíense de gasolina y préndanse fuego ustedes, es lo único que les garantiza que no van a regresar": palabras del custodio a la remesa de once seres humanos que conduce a la tercera aduana de salida del Reclusorio Oriente.

"Pendejo, ¿tú crees que estos son unos tenis bien lavados? Estás pendejo o qué". Reo custodio de reo, al muchacho esclavo de la crujía 1/7, Víctor Manuel Cervantes, en el área de ingreso del Reclusorio Oriente.

Precio del garrafón de agua purificada en el Reclusorio: 35 pesos o 12 pesos según crujía.

Lista oficial de precios en la tienda, con el logotipo del ángel del Gobierno de la Ciudad de México: refresco en lata: diez pesos (precio real, veinte pesos); leche con chocolate de un cuarto de litro: diez pesos (precio real, 15 pesos); agua en envase de litro y medio: diez pesos (precio real, 25 pesos); litro de leche: 17.50 (precio real, cuarenta pesos).

Fuera de la tienda "Alegría", dosis de marihuana en bolsita de plástico –entregada dentro de la celda–: diez pesos. La mejor relación calidad/ precio de todos los productos que se pueden comprar en el reclusorio.

Introducción (al reclusorio)

Me han pedido vaciar los bolsillos del pantalón deportivo: un billete de 200 pesos que no recordaba y 86 pesos de cambio. Me despojo del reloj con "chip" de teléfono celular que había comprado un mes antes y que me hacía sentir Dick Tracy.

Si alguna vez me imaginé en medio de un proceso legal fue del lado de los investigadores y no de los acusados, del Santo y no del *Cerebro del mal*, de Dick Tracy y no de *Murmullos,* o de Kalimán, pero no de *Namilak* o la *Araña Negra*.

Uno de los dos judiciales que me ha conducido al reclusorio en un auto blanco, sin nada que lo identifique como patrulla, me advirtió que pidiera registrar mis objetos personales. Así lo hice, pero como respuesta tomaron una hoja de papel rota y con una tinta violeta anotaron algo como "reloj celular y 86 pesos".

Me han amagado para que deje una propina en recompensa de que no me lastimaron mientras cortaban una pernera del pantalón deportivo y una manga de la camiseta, el atuendo que llevaba esta mañana cuando salí a correr.

Soy afortunado, pues me doy cuenta más tarde que a otros detenidos les han hecho un tajo de navaja en la prenda superior.

Antes me obligaron a desnudarme y hacer diez sentadillas sin ropa. He temido caer por la falta de práctica, o ser víctima de algún tipo de abuso mientras miro a la pared. Entiendo que es una medida para evitar que oculte droga en mi cuerpo. Luego habré de verificar que no se trata de una medida realmente cautelar porque hay cocaína para quien pueda pagarla, pero esta debe entrar por los conductos "oficiales".

Me permiten ponerme de nuevo el pantalón – ahora solo con una pernera completa y otra cortada arriba de la rodilla derecha–, y también la camiseta, pero no así la trusa ni los calcetines, que quedan tirados en el piso junto con los que portaban otros de los internados antes de mí.

Recorro largos pasillos. Me vuelven a desnudar para una revisión del médico legista y me hacen esperar mientras me interrogan varios elementos uniformados de azul, y otros con ropa beige. Tardaría mucho en comprender que estos últimos también eran presos con funciones de policía.

Es inevitable, cuando me preguntan a qué me dedico, decirles que al periodismo. Me hacen una primera advertencia de que no vaya a decir nada de lo que vea adentro pues "habrá consecuencias".

Otro pasillo. Un "técnico" me interroga junto a una trabajadora social del Gobierno del Distrito Federal.

Mientras espero, me llaman desde el patio interior del Reclusorio dos hombres de beige. Yo tengo miedo de internarme, tanto porque me han advertido que espere ahí, como porque si bien tienen el mismo color de ropa del "técnico" no sé cuáles serán sus intenciones.

–Me dijeron que aquí esperara.
–No pasa nada, ven

Me acerco.

–Aquí te pueden poner en una celda hasta con treinta cabrones. Si quieres una donde te puedas acostar, avísanos.
–No puedo pagar. Me quitaron todo el dinero que tenía y además no quiero privilegios.
–Nadie te está pidiendo nada. Nos avisas. Vas a querer cambiarte de celda.

El técnico sale de la oficina y antes de que me asigne la celda que he de ocupar lo llaman los otros dos; pareciera que es él quien recibe las órdenes de los presos y no al revés.

Me ordena subir las escaleras. Que "ahorita lo alcanzo". Subo al primer piso, donde veo un cartel que dice algo así como "área para detención por medida cautelar de juez". Supongo que es donde me corresponde, ya que nunca me condujeron a un Ministerio Público. Fui conducido directamente al reclusorio.

A mis espaldas hay otra sección con varias celdas. Veo que es otra crujía.

–*Míralo ¡qué sabroso! cree que lo vamos a dejar aquí.*

En efecto, es una sección destinada a personas que necesitan ser protegidas, ya sea por su carácter de extranjeros, por tener una condición económica elevada, o por haber sufrido agresiones de otros presos. La desventaja es que los ahí detenidos solo pueden salir del área una hora al día. Las ventajas son que pueden hacer uso de los excusados sin que otros internos se los nieguen; que el garrafón de agua ahí solo cuesta 12 pesos y no 35 porque no hay intermediarios; que la lista se pasa en la celda y no en el patio, por lo que no hay riesgo de "bombonazos"; y que, en general, los custodios son más amables con los detenidos.

Pero esto lo podré comprobar y saber por mí mismo una semana después. Ahora me hacen dar vuelta a la derecha y otra vez a la derecha, en el mismo piso, pero al costado opuesto.

Al entrar a la celda 1/7, veo en la litera baja del lado derecho a un hombre extremadamente musculoso, como de 1.85 de estatura y voz cavernosa. Las otras tres literas las ocupan otros tantos jóvenes que luego me entero fueron capturados como presuntos responsables de ser integrantes de una banda de robo de autotransporte. Son de Tepito, lo sé porque me lo dicen, pero nada en su forma de hablar delata el hablar "cantadito" que dice el costumbrismo. A diferencia del fisicoculturista de ojos claros y piel oscura, estos muchachos son del tipo promedio de cualquiera de su edad en la Ciudad de México.

También me he de enterar que tienen en común ser jóvenes padres de familia, comerciantes, sin adicción a las drogas, pero víctimas de un entorno en el que muchos han comprobado que con un golpe de suerte se puede vivir varios años, sin angustias económicas, y hay quien sucumbe a la tentación.

Debajo de las literas permanece callado Arturo, músico y acomodador de coches en Polanco. Más tarde habrá de contarme que por su adicción a la cocaína, tras una noche de juerga un personaje imaginario se apoderó de él y lo condujo hasta un Oxxo. Pidió una botella de Whisky y usó una botella de Coca Cola para amagar con ella como si fuera una pistola. Caminó media cuadra, y lo subieron a una patrulla.

Entonces el personaje de su imaginación que se apoderó de él, salió de su cuerpo y se dio cuenta que él, Arturo, sería quien pagaría con su cuerpo real lo que su otro yo había considerado una broma sin consecuencias.

Como soy el nuevo me hacen pasar al fondo de la celda, donde suelen sentarse en botes de plástico o en cuclillas los tres presos indígenas. Uno de ellos es de Chiapa de Corzo, trabajaba en la Central de Abasto de la Ciudad de México. Primero me contó que recogió una mochila que no sabía que contenía marihuana y lo consignaron. Días más tarde, que alguien le había pedido que le regalara un cigarro de yerba, y luego resultó que era un policía.

Los otros dos indígenas, uno de Hidalgo y otro de Oaxaca, estaban acusados de robos que no cometieron. El primero de ellos había olvidado las llaves de la casa que habitaba en el Estado de México, así que tuvo que introducirse saltándose la barda. Un vecino le acusó, con ese pretexto, de haberse robado una bicicleta de niño. Él, me cuenta, es propietario de una bicicleta de montaña que usa para acudir a una peregrinación una vez por año. No tenía necesidad de robarse nada.

Sería yo el primero de todos los que nos encontramos en esa celda que obtenga la libertad.

El chico oaxaqueño se llama Víctor Manuel Cervantes. Hijo de madre soltera, terminó la preparatoria en Oaxaca, pero el hecho de contar con los papeles oficiales –dice él mismo– no significa que tenga los conocimientos equivalentes a ese grado de estudios.

Vivía con sus abuelos maternos, ambos de 84 años de edad, y cuyas parcelas no les daban siquiera lo necesario para vivir bien. Tal vez les alcanza para una mínima ración alimenticia, pero no para comprarse ropa, medicinas o acondicionar dignamente su vivienda.

Víctor Manuel vino a la ciudad de México y consiguió trabajo preparando tacos en un local del metro Balderas. Tenía, pues, la forma de acreditar un modo honesto de vida.

Un domingo –que tenía descanso– fue a un municipio al oriente de la Ciudad de México, donde una amiga le había pedido ayuda para realizar un trabajo.

Ese día tenía una inquietud, un mal presentimiento, una sensación de intranquilidad que no tenía explicación.

El lunes por la mañana, tras anunciar que regresaba a la Ciudad de México, su amiga le pidió que no se fuera. Que mejor se quedara para seguir ayudándola, pero él respondió que tenía compromiso en la taquería.

Camión hasta la estación Pantitlán del metro, donde inicia la línea 9, y de ahí rumbo a Tacubaya.

En Chabacano, una joven le sonríe y le pide ayudarla con su mochila. Dos estaciones después, en Centro Médico, tiene que transbordar a la línea 3, sólo las estaciones Hospital General y Niños Héroes –para llegar finalmente a Balderas –lo separan de su trabajo.

Entonces un sujeto lo señala a policías uniformados como el autor de un robo. Víctor Manuel se vuelve a la muchacha y le pide que lo exculpe, que diga que ella le dio la mochila. Se queda muda. Corren el cierre lateral del morral y aparecen varios teléfonos móviles, uno de estos de los más caros.

Un mes después está junto a mí, sentado al fondo de la celda 1/7 queriendo animarme con una sonrisa.

¿Es posible tener la sensación de que se muerda el alma?

Esa es la forma más clara que concibo para describir cada vez que pulso una tecla para contar esta historia.

Una parte de mí, siente que hay que dejarlo todo sin testimoniar, que es un absurdo querer revivir lo que tanto daño causó pero que, al fin y al cabo, ya pasó.

Pero otra fuerza –que por fuerza es la que predomina si es que estoy escribiendo– me dice que para no cargar el peso de las palabras hay que vaciarlas, sacarlas de mí, arrojarlas al papel para que otro las comprenda, las aprehenda, las interprete, las asimile.

Estas palabras deben prevenirte. Son espejo que refleja lo que he vivido para que tú no tengas que vivirlo, o para que puedas vivirlo sin sentirlo, o para que puedas sentirlo sin sufrirlo; o si lo sufres que sea en forma virtual, no en tu carne, no con tu frío, no con tus oídos martirizados por una tos que no cesa, que va de garganta en garganta, segundo a segundo, minuto a minuto y luego hora tras hora, sin cesar, quizá desde las cuatro de la mañana hasta las siete, cuando empieza a salir el sol y la luz te advierte que aún no te moriste, que ya dejes de actuar como un moribundo y controles ese espasmo que te sale del pecho y se expulsa por la boca.

Pero para que eso suceda todavía faltan varias horas de insomnio. Ahora estoy ahí, sentado junto al excusado, donde se sientan los presos nuevos para tratar de pasar desapercibidos.

"Con nosotros la cosa es tranquila. Nada más tienes que juntar para la cuota del *desapando,* para que nos dejen abierta la puerta de la celda, y los gastos del agua. Nada más vas a tener que sobrellevar a unos cábulas que están en otra celda que si son bastante manchados. Uno bastante más que el otro".

Me preguntan qué delito cometí, les digo que ninguno, que me pusieron una trampa para despojarme del departamento donde vivía. No me creen, pero coinciden en que no es algo grave, que seguro saldré en poco tiempo, antes que ellos.

Uno de los muchachos de Tepito me ofrece unos calcetines cortos, de esos que cubren apenas por arriba del tobillo. Me siento incrédulo ¿me los regalas?

–Te los estoy dando, ¿no?

Tiendo la mano, desconfiado. ¿Pero que no se supone que aquí todos son unas lacras? –pienso para mí–.

Sin las agujetas de ambos tenis, de las que también me han despojado, me siento un indigente. La sensación de desarrope, pese a la ropa exterior, se calma un poco al calzarme los pequeños calcetines. Este gesto me resulta en extremo significativo: después de cinco horas desde que me asaltaron en la calle para subirme a un auto, hay un poco de dignidad que me devuelven.

Jueces de Consigna

Termina el mes de junio de 2016. Mi cuerpo está libre pero solo provisionalmente. *Libertad provisional* es el término que tenía que aprenderme la madrugada del 30 de abril anterior, cuando me dejaron salir a la calle. Si no lo aprendía, corría el riesgo de un "bombonazo". No me llegaron a dar el castigo físico, pero no me libré de algún grito de ¡bastardo!, cuando dudé en el término.

(Hago un paréntesis para volver a reflexionar: ¿por qué estoy escribiendo esto? Si es para exorcizar mis miedos quizá sería mejor dejárselo al tiempo; al escribirlo estoy perpetuando el dolor. Pero el silencio, me contesto, es el mejor amigo de la impunidad. Las violaciones a los derechos humanos –hace mucho tiempo lo escribí pensando en otras víctimas– desaparecen de la misma manera que los fantasmas, al prender la luz).

El documento por el cual me encarcelaron fue un contrato de arrendamiento de 2006, firmado por mí y por mi casero diez años antes. Una copia fotostática del mismo aparece en el expediente penal, pero esa copia a diferencia de otras mil 500 fojas de las que consta el expediente no deja ver ningún otro sello. Era como si la hubieran introducido al expediente subrepticiamente.

Para que mi aprehensión hubiera sido legal y legítima –ambas cosas– se necesitaba que un perito acudiera al juzgado civil donde se llevó la causa y demostrara que yo había firmado el documento haciéndome pasar por el arrendador. También, para que procediera el delito de fraude procesal, debían demostrar que yo obtuve un beneficio económico con mi posesión del departamento; por ejemplo, que lo hubiera subarrendado. No fue así.

Como fuera, todo se aclararía en cuanto apareciera el contrato y un perito acudiera al juzgado penal y estableciera si yo lo firme dolosamente o no.

Pero se solicitó el expediente al Juzgado 14 de lo civil, y no apareció. Nos dijeron, al abogado y a mí, que lo habían enviado al Archivo General. Acudimos allí y, después de una búsqueda en las computadoras, confirmamos que tampoco estaba.

Regresamos al Juzgado Civil, donde nos informaron que ya no era el 277/2011 sino el 106/2014. El abogado preguntó cómo era posible que supiéramos esto, si jamás lo notificaron. La encargada de la secretaría explicó que, en efecto, no era posible que lo supieran los abogados, pero que ella –con su experiencia– lo rastreó y pudo saber el cambio de número.

Los juzgados suelen tener una secretaría A y una B. Al asegurarnos que el expediente no estaba en la primera, lo solicitamos en la segunda. Nada.

Si no estaba, sólo podía significar que lo habían enviado al archivo. Empezamos a revisar los envíos del 2016 que estaban anotados a mano en una libreta de taquigrafía. Nada.

Continuamos con los de 2015, leyendo con particular cuidado los apartados del denunciante y el número de expediente.

Debo haber visto repetido más de cien veces el nombre del Instituto Nacional para el Fomento a la Vivienda de los Trabajadores, 300 el de diversas instituciones bancarias, recuperadoras de carteras vencidas y todos los apellidos del diccionario: Abaroa, Barud, Maluff, Alcaraz, Alarcón, Carrasco, Durán, Hidalgo, Arias… Nada.

Llevo mi credencial de elector. Afortunadamente, no la cargaba cuando fui conducido al Reclusorio Oriente, porque me despojaron de todo y no he querido regresar ni siquiera por mi reloj celular.

Pido ahora la relación de expedientes enviados al archivo en 2014. Me quito el saco pero no me aflojo la corbata. Desde que salí del Reclusorio Oriente trato de usar esta prenda que sería imposible para los internos. Los "delincuentes de cuello blanco" son los que encarcelan a los inocentes, pero no al revés. Usar corbata es equivalente a no estar en prisión. Ni siquiera los funcionarios carcelarios la emplean.

Vuelvo a recorrer con la mirada más de un centenar de hojas, cada una con cinco o siete expedientes enviados al archivo, generalmente por falta de promociones que justifiquen su permanencia en el juzgado. Otra vez: nada.

Nunca salió el expediente al archivo, pero tampoco se encuentra en el juzgado. Vamos a volver al Archivo General del Tribunal Superior de Justicia del Distrito Federal para buscarlo con el nuevo número.

Una funcionaria, a la que previamente hemos agradecido con una gratificación de cien pesos, nos advierte que no perdamos el tiempo, que volvamos a solicitarlo con el nuevo número que ella nos ha dado.

Por otra parte, la búsqueda en el Archivo nos significará otro pago de setenta pesos. Sin embargo, queremos agotar hasta el último resquicio: atravesamos Niños Héroes y llegamos al Archivo General. No debe tardar más de 15 minutos el trámite. Llevamos 45 y no nos llaman. Finalmente, se dan por vencidos. El expediente no está ahí.

¡Es que tiene que aparecer! Se exaspera el abogado cuando le pregunto. Sin ese contrato la sentencia está en el aire y mi permanencia en libertad dependerá más del tribunal de apelación que del juzgado penal.

Me platica uno de los periodistas más relevantes de este país, que en el Caribe se llevan a cabo juicios laborales contra propietarios de pequeños hoteles, de los cuales jamás se enteran antes de que les condenen en un laudo... y como no lo sabían, resulta que de pronto ya están condenados a reparar daños por cuatro o cinco millones de pesos, así que tienen que entregar sus propiedades. Obvio, en el camino se utilizan tantas simulaciones judiciales que es evidente que los jueces se llevan una millonada.

Imposible cuantificar a cuánto ascienden los daños económicos que provocan en México los jueces de consigna. Son una mafia tan poderosa como la que traficaba con licores en la época de la prohibición o la que hoy mismo introduce estupefacientes a través de las fronteras.

¿Qué los anima a utilizar las leyes de esa manera?

No sé dónde leí recientemente de un abogado que decía que, mientras más aprendía leyes, menos sabía de justicia.

Los jefes de poderes ejecutivos estatales o nacionales utilizan jueces de consigna para deshacerse de personas que cuestionan su autoridad y estorban sus intereses, o mantienen en prisión a aquellos que pueden representarles imagen de mano dura e inflexibilidad.

Estos son los casos de los maestros dirigentes de la CNTE o de líderes sociales como el doctor Mireles o, en su momento, Néstora Salgado.

Si el Estado mismo utiliza cualquier pretexto para encarcelar a los opositores, habiendo tantos fundamentos reales, ¿por qué ciertos jueces no han de encarcelar a quienes les reditúen utilidades?

El sistema judicial es como una enorme red que se lanza en una sociedad. Los detenidos, por fuerza, se van a convertir en instrumentos de una máquina para producir dinero, ya sea mediante cuotas directas o mediante el trabajo para otros presos. Al menos, así ocurre en el área de ingreso.

Tabla de precios y cotizaciones individuales en Reclusorio Oriente

Pase de lista en la celda	$10.00
Bala: señal dibujada con marcador rojo en el brazo derecho que da permiso de permanecer en el patio y no sólo en la celda asignada.	$10.00
Desapando: pago por permitir que la celda esté abierta para poder caminar fuera de esta en un pasillo de diez metros de largo.	$35.00 (a pagar entre diez presos en promedio)
Uso del baño, con cinco cuadros de papel higiénico.	$5.00
Tarifa mensual por el derecho de mantener un teléfono móvil en la celda	$6000.00
Derecho a bajar de la celda	$1.00

para recibir el rancho de las siete de la noche y pasar lista en el corredor	
Renta semanal de televisión o aparato para escuchar CD'S	$1000.00
Tabla: permiso para salir de la celda y sentarte en el corredor en la visita de familiares	$50.00
Bote de agua calentada con dos cables pelados, para baño de cinco minutos	$5.00
1/5 de salchicha empanizada con salsa	$1.00
Polvorones	$2.00
Donas frías elaboradas en el penal	$4.00
Garrafón de agua	Entre 12 y 35 pesos,

purificada en el penal	según el área de detención.
Tarjeta telefónica	125 pesos la tarjeta marcada con valor de $100, más una cuota de 10 pesos al día por el derecho de usarla en uno de los pocos teléfonos que funcionan

Estos son algunos de los precios promedio que pagan los internos. Algunos los cubren con dinero que les envían sus familiares desde el exterior. Esto también tiene una comisión, si la madre de un detenido le puede dar cien pesos –al menos para que pueda pagar gastos como ir al baño con puerta– le entregan un 15 por ciento menos. Entrar con una bolsa de comida requiere del visitante un pago que va de cincuenta a 500 pesos si se trata de extranjeros. Alquilar una prenda de un color que les guste a los custodios, 15 pesos por cada una, generalmente playera y pantalón para el caso de los hombres.

Un custodio reveló a un preso extranjero que estimaban que dentro de la cárcel, entre reos y familiares, aportan unos 36 millones de pesos al mes. La cárcel es la encomienda del Siglo XXI. ¿Quién es el virrey que recauda estos tributos? Tal vez si pensamos que el jefe de gobierno, no estemos muy errados.

En *El uso excesivo e irracional de la prisión en México*, Guillermo Zepeda Lecuona del Instituto de Investigaciones Jurídicas de la UNAM nos advierte:

> Existe un uso excesivo de la medida porque las cifras y los análisis nos indican que la prisión durante el proceso ha dejado de ser una medida extraordinaria y excepcional, para convertirse en una medida cautelar de uso frecuente, contradiciendo nuestra Constitución y los instrumentos internacionales firmados por México. La prisión preventiva está consumiendo demasiados recursos que serían determinantes en otras áreas prioritarias de la seguridad ciudadana y la justicia penal, como la prevención y el combate al crimen organizado.

Pero, entonces ¿cuáles son las causas para encarcelar por mera sospecha? Una primera conclusión es que sirve para extorsionar a las personas y despojarlos jurídicamente –no solo a ellos, sino a sus amigos y seres queridos– de todos los bienes que fueran posibles.

¿Sería muy difícil para las autoridades hacendarias, o de los gobiernos, la obligatoriedad de expedir recibos fiscales para las cosas que se venden en las tiendas autorizadas dentro de los penales? Si de todas maneras se cobra por recibir visita conyugal, comer una torta traída del exterior, o medio aguacate, pues al menos que se pongan tarifas oficiales. Que autoricen tiendas de ropa en el exterior, con certificados de que el color no puede ser objetado por ningún custodio. Cualquier cosa que revele que las autoridades no son culpables de corrupción. Sin duda lo son, al menos por omisión.

Cuarenta y dos de cada cien personas encarceladas en México, advierte el investigador Guillermo Zepeda Lecuona, no tienen sentencia:

> Es decir, están recluidas mientras dura su proceso, están en prisión preventiva. Son legalmente inocentes (hay presunción de que se es inocente hasta que no haya una sentencia condenatoria), pero en la práctica

> están padeciendo una sanción que debería ser sólo para las personas legalmente declaradas responsables de un delito (…) La privación de la libertad es una medida muy gravosa para la persona que la sufre. Además de la invaluable pérdida de la libertad, se padece el distanciamiento de la familia, la pérdida del trabajo o de la escuela y la estigmatización social.

Es verdad: comprobar que se tiene una actividad honesta debería ser la primera medida a tomar en cuenta, antes de consignar a una persona. La tarde en que fui aprendido llevaba nueve horas ante la computadora estudiando para dos exámenes extraordinarios en la Universidad, y esperaba el pago de dos facturas por servicios proporcionados por mi naciente empresa.

Cuando la pareja de "Policías de Investigación" me abordó en la calle y me negué a subir a la patrulla, alegándoles que era un error, sino una franca arbitrariedad, me preguntaron:

–Eres Mauricio, ¿no?. En toda la colonia hay denuncias en tu contra.

Respiré aliviado (¿es un lugar común o de verdad sentí por unos segundos que se interrumpía mi respiración agitada?). Todo era un error. No tenía identificación pero podía regresar a mi casa por ella. Solo había salido por un helado y por eso no traía la cartera, expliqué, dándoles mi verdadero nombre. Me mostraron un documento que decía *orden de aprehensión*. Confié en que ante el Ministerio Público sería cosa de diez minutos aclararlo todo. No hubo tal. Una vez en el coche particular blanco al que me subieron llamaron por teléfono celular a mi acusadora.

–Ya lo tenemos licenciada.

Una hora después me cortaban con una navaja la pernera, y la manga del pantalón deportivo y la playera que vestía cuando salí a comprar un helado para descansar la vista, después de tantas horas ante la pantalla de la computadora.

La cólera de Dios se escribe en femenino

Una buena parte de las personas que son ingresadas a un reclusorio del Distrito Federal, lo están por acusaciones de mujeres movidas por distintas pasiones. En mi caso, no tengo duda, por la codicia de una mujer sesentona, poseedora –no por herencia, sino por argucias legales– de varios edificios con departamentos de alquiler.

Una mujer que pese a su cuantiosa fortuna nunca tuvo más interés que el de seguir siendo, como las describe la escritora Guadalupe Loaeza, una "Señora de las Lomas", una "Reina de Polanco". Sus domicilios en dos direcciones, la ajustan a esta descripción.

Sin más propósito en la vida que gastar millones mensualmente recibidos en cómodas rentas de edificios sin ningún mantenimiento, yo le representaba un grave peligro por ser uno de los inquilinos más antiguos. Uno que había firmado contrato con su padre y no con ella.

Nunca me requirió un pago que yo no le hubiera hecho por voluntad propia. No lo hizo en el juicio civil, ni tampoco en los tres o cuatro intentos previos para que me aprehendieran, y que una y otra vez le negaron distintos jueces que ni siquiera me citaron para defenderme, porque consideraban que era una demanda absurda y sin bases.

Y eso que todos, jueces y yo, ignorábamos que se había introducido un documento falso a un expediente y que luego se lo robaron completo, armando una causa sólo con una hoja fotocopiada y, para colmo de males, jamás sellada en un juzgado.

Son las ex esposas las que se ensañan más con los encarcelados.

Un delito sexual pone en especial vulnerabilidad a un interno. Lo menos que aguantará son amenazas de violación o de colocarlo en las celdas más peligrosas.

Por eso, sólo la confianza en su propia inocencia y el diálogo sobre libros, le permitió a R narrarme:

> Mi proceso es por algo muy feo. Me acusó mi ex mujer de tocamientos indebidos a una de mis hijas… Frecuentemente, reclamaba que yo no le había dado la vida a la que ella estaba acostumbrada... Es una tapatía muy guapa, tenía la idea de que el atractivo físico era todo

> lo que necesitaba... Algo debió haberme puesto en alerta, por ejemplo, esa manía suya de pintar de rubio el cabello de mis hijas, desde que eran muy chiquitas... Cuando me acusó y llevaron a la niña a un dictamen sicológico, mi hija salió completamente ilesa... Quería llevarse a las niñas a Estados Unidos, pero requería mi firma, en principio me negué...

R me recuerda a Pedro Infante, aunque físicamente no se le parece nada. Debe ser por su franqueza, simpatía, confianza, espontaneidad. Porque tiene el apoyo de toda su familia a la que respeta y de la que él no se cansa de alabar su inteligencia y éxito profesional.

¿Por qué la saña de la ex esposa para aleccionar a la hija y reiterar las acusaciones falsas? Creo que se explica porque R se ha vuelto a casar. No me alaba la belleza de su nueva esposa, sino su inteligencia. Es doctora, presume.

La Virgen de Guadalupe podría ser la salvación de R tras casi un año de prisión, y no es por una fe metafórica. Resulta que la fecha que mencionó su ex esposa para los tocamientos sexuales fue un 12 de diciembre, día en que se conmemora a este icono nacional.

Estos "tocamientos" se habían producido una sola vez y ocurrieron –dijo la acusadora– en la recámara de las niñas cuando ella estaba planchando; pero en otra declaración dijo que fue cuando salió al mercado.

Planchando o de compras, en lo que sí hubo coincidencia es que fue un 12 de diciembre.

Pero ya en prisión, después de mucho cavilar, R recordó que ese 12 de diciembre había estado con su ex esposa y sus hijas en una celebración a un familiar, fuera de la Ciudad de México y tenía las fotografías para comprobarlo.

Si fuera una película, el juez vería esas fotografías, las cotejaría con los metadatos que ya tienen la mayoría de las cámaras y teléfonos celulares con la fecha que dio la acusadora y ordenaría la libertad en unas horas.

Pero en la vida real no son las cosas así. Los datos de los que se allegan los jueces son tan primitivos como *Fuenteovejuna,* y la tecnología jamás sustituye a un careo, aunque sea evidente que uno de ambos extremos de la línea acusado-acusadora esté mintiendo.

Charlar con R fue posible porque una semana antes me han llamado de la subdirección del penal.

–¿Conoce al licenciado?
–No. Supongo que es alguien que trabaja en la dirección jurídica del Gobierno de la Ciudad.

No me responde. Insisto. El funcionario se llama Ángel. Asiente con la cabeza. Me pregunta cómo estoy; le respondo que hasta ahora sin daños físicos, pero incómodo por los insultos y provocaciones del preso que cuida a otro preso en una celda contigua.

Me hace esperar en una silla. Me pide disculpas por ello. Podría pasar horas ahí, por primera vez en no sé cuántos días me siento seguro. Como reportero he tenido que pasar mucho tiempo haciendo antesala para obtener entrevista de algún funcionario. Claro, para que todo sea perfecto necesitaría un libro y unos anteojos para la vista cansada porque mi visión ya no me permite leer en interiores.

No muchos minutos después me hace pasar a la oficina del subdirector. Le narro brevemente mi situación. Me ofrece cambiarme de celda. Esta vez a una con litera. Ya no tendré que dormir en el piso. Bueno, la verdad sea dicha, gracias a que hubo un cambio de tres compañeros de celda al área de observación y clasificación, ya me habían dado una litera alta, pero eso sólo complicó mi vida porque era donde ponían las toallas y otros enseres que encargaban los mafiosos de otra celda, que dominaban esa sección y no podía usarla sin su permiso.

Cuando el subdirector confirmó que me cambiarían de celda luego de llamar a un subalterno y pedir que me consiguiera una colchoneta, me preguntó:

–¿Hay algo más en lo que le pueda ayudar?

–A mí no, pero quisiera pedirle que ayudara a otro preso indígena que se llama Víctor Manuel Cervantes. Literalmente lo tienen como esclavo lavando ropa todo el día. Duerme debajo de la litera baja. Ojalá pudiera darle una colchoneta.

–¿Pero le pagan?

–No. No le pagan.

–¿Y cómo le ayudamos?

–Pues que también le den una colchoneta.

–Yo también soy indígena y le voy a ayudar, pero lo que sí no le puedo ofrecer es la colchoneta. No tengo presupuesto y estamos muy escasos de colchonetas.

Sería de risa si no ocurriera que es trágico. Unos días después, observo desde mi nueva crujía a otro preso encargado de hacer la colecta: está separando los billetes de veinte, cincuenta y cien pesos, y apenas le caben en el espacio entre el pulgar y el resto de los dedos con los que ha formado una tenaza para sujetarlos.

Pero eso ocurrió después, ahora me han devuelto a mi celda original.

Anocheció.

Desde mi llegada al reclusorio, he observado a dos presos altos, musculosos y jóvenes que parecían tener privilegios. Ambos preferían usar camisetas blancas, y uno de ellos incluso cachucha, pese a que ambas cosas están expresamente prohibidas en una manta con el logotipo del Gobierno capitalino que cuelga del patio. De hecho, desde la primera mañana uno de ellos me señaló y a continuación me llamó uno de los "técnicos" para decirme que a mí no me obligarían a hacer la fajina. No fue –como pensé al principio– en consideración a mi edad. Ya había empezado a correr el rumor de que era periodista.

Sólo dos presos usaban cachucha en esta área, ambos rubicundos, ese joven y otro, el comisionado para vender los medicamentos de la Cruz Roja.

–¿Quién es Víctor Manuel Cervantes? –Preguntaron–

Mi amigo oaxaqueño les respondió con apenas un murmullo, identificándose.

–Desde mañana no haces fajina.

Pero este privilegio no le quitó de las otras duras faenas ni de la responsabilidad de ser el banquero al que los presos gandayas obligaban a guardarle billetes y monedas, por supuesto sin comisión.

Fue por entonces que se presentó el incidente del tenis rojo.

–Pendejo – le gritaba el pandillero de cabello cortado al estilo mohicano– ¿Tú crees que así se limpian unos tenis?

La técnica del cepillo de dientes no había sido suficiente para remover algunos puntos negros dentro de la malla del zapato. Puntos que, en realidad, yo no alcanzaba a ver.

Indignado bajé al patio y crucé la puerta prohibida donde se encuentra Emilia, una trabajadora social. Le dije lo que había visto.

Minutos después nos llamaron a todos los presos de la celda 1/7 y a los dos gandayas. Nos dijo Emilia que no quería problemas.

–¿Quién *ponchó?*

Es el término para referirse a quien saca información de las celdas.

Nadie contestó a la pregunta pero todos sabían que era yo.

Decidí entonces que, en cuanto pudiera, me iba a acercar al fiero capo que tenía a su servicio a los dos mafiositos y le pediría que los controlara.

Arturo, el que robó en la tienda armado con una botella de refresco al que dio características de pistola, me advirtió que no lo hiciera. Yo insistí en que sería la única manera de darme a respetar.

En eso me llamaron para cambiarme de celda.

–Ya te vas –me dijo *El Grande*–. Le aseguré que no, pero no me creyó.

Días después, lo contrataron para limpiar una celda que se habilitaría para visita conyugal. Apenas así se convenció de que seguía preso.

Ahora ya podía pedirle a mi compañero de celda, y él a mí, la cortesía de que saliéramos al corredor mientras el otro usaba el excusado, este sí con agua y lavabo.

Cuando me reubicaron había dos posibilidades, que compartiera celda con "el francés" o con Granier, el hijo del ex gobernador de Tabasco a quien habían acusado de evasión fiscal. Me encerraron con el primero.

Lo que me platicó también tenía que ver con una pasión femenina.

Se había casado con una mexicana bajo el régimen de sociedad conyugal. Cuando se pelearon, ella vació su cuenta de banco y se apoderó de los dos autos. Además, se quedó con un departamento en la zona más cara de la Ciudad de México.

Indignado por lo que consideraba un robo, dejó de pagarle la pensión alimenticia. Lo encarcelaron sin presentarlo a un Ministerio Público. De inmediato, cubrió los 100 mil pesos que le demandaban, pero la ex esposa no quiso presentarse a reclamarlos.

Al fin, consiguió que un juez le decretara la libertad provisional. Esa tarde su abogado le llamó para informarle que el Ministerio Público pedía 35 mil pesos para no apelar a su liberación. No los pudo conseguir. Tuvo que continuar en la cárcel.

Segunda Introducción a la Cárcel

Era de noche ya cuando me llevaron a la segunda celda que ocuparía en el Reclusorio Oriente, y me introduje en ella iluminado sólo por el reflejo de las luminarias de otro edificio administrativo. Las celdas no tienen foco incluido. Había que comprarlo y tener algunos conocimientos de electricidad para habilitarlo. Por otra parte, yo era huésped de otro reo, "el francés", que tenía derecho de antigüedad y había decidido que se sentía mejor en penumbras.

Me dijo que en esa sección estaba un delincuente juvenil, un raterillo que había robado a una tía y a otras personas para comprarse marihuana, a la que era adicto. Que el papá convenció a la familiar para que le retirara los cargos, pero le quedaron otros por robo. Dinero de por medio, el papá había pagado algunos sobornos para que lo pusieran en esta área protegida. Más tarde, lo conocí y sentí que entre cientos de personas con las que me crucé en el reclusorio, este acaso era el único que no tenía rehabilitación posible.

Otro de los detenidos, añadió "el francés", era un secuestrador condenado a casi cien años de cárcel. Era buena persona, pero al parecer lo habían internado ahí porque lo hirieron dentro del penal con un arma puntiaguda.

Uno más estaba acusado de un quíntuple homicidio, y el otro era Granier, del que hace poco se había hablado en las noticias por un supuesto delito penal.

Todavía estaba con el custodio que me introdujo a mi nueva celda cuando un hombre muy delgado, realmente flaco, lleno de tatuajes, como salido de una película de *Tarzán* soltó una letanía a ritmo de rap que me asustó, aunque no recuerdo lo que decía.

–No te impresiones –me dijo "el francés"– es un buen muchacho pero se pone así cuando entran los nuevos.

A donde me vine a meter, – pensé yo– creyendo haber descendido al séptimo círculo del infierno, cuando en realidad había ascendido cinco, los que me separaban de la libertad provisional.

Los otros detenidos, completó "el francés", estaban ahí por secuestro.

En los siguientes días, "*el Cholo*" –que así apodaban al muchacho de los tatuajes– se compadeció de mí que estaba pasando frío, y me entregó un suéter que en mucho calmó mi tos y mi inquietud. Me regalaba agua limpia para beber y se negaba a que le pagara, a pesar de que ambos sabíamos lo caro que resultaba conseguirla en prisión. Preparaba arroz con salchichas y palomitas de maíz o chicharrones de harina, lo primero resultaba delicioso y me lo brindaba sin costo. Tenía que rogarle para que me aceptara 15 pesos como cooperación, las bolsitas de frituras sí me las vendía por 5 pesos, pero me daba mucho más del contenido que a otros clientes presos.

"El Cholo" estaba más restringido que muchos de nosotros, a quienes nos permitían salir de la crujía una hora cada noche. Él no salía de esa área, como tampoco el "quíntuple homicida", un joven de unos 24 años al que nunca escuché una grosería o siquiera rudeza de lenguaje.

Fue entre esos hombres, presuntos criminales sanguinarios, con quienes menos miedo sentí durante mi estancia en prisión. Más aún, a muchos de ellos –de la mitad de mi edad o menos– en más de un momento quise abrazarlos como un padre, conmovido al conocer sus historias.

Lo más que pude hacer por algunos de ellos, cuando al fin pude comprar una tarjeta telefónica a precio de mercado negro, fue regalarles algo de mi crédito. Les vi llorar al hablar con sus hijos, padres o esposas.

Creo que el 80 por ciento de los jóvenes menores de 25 años que se encuentran en prisión, carecen de padre, pocos de madre. Quizá muchos de ellos sean, en el sentido que le dio Octavio Paz, simples hijos de la chingada, es decir de mujeres abandonadas.

Personajes huérfanos

"El francés" llegó a desesperarme. Se la pasaba quejándose de que no barrieran y trapearan el espacio del corredor frente a la celda que compartíamos. ¡Qué educación, mi Dios! No tienen respeto.

Maestro de escuelas preparatorias y universidades privadas, me sorprendía que quisiera otros modales entre los muchachos encarcelados. Se negaba a dar una aportación justa por los alimentos que cocinaban para la comunidad, consideraba que veinte pesos eran un exceso. No lavaba el plato que le daban de la comida compartida y se atrevía a pedir que le ayudaran a rasurarse antes que pedir un espejo.

Sin embargo, fuera de la celda, cuando acudía a La Palabra (45 minutos de cháchara religiosa de "aleluyos" o Testigos de Jehová que resultaban una liberación espiritual aún para los agnósticos, ante la total ausencia de actividades intelectuales las otras horas del día) hablaba con quién podía y resultaba simpático a muchos por su acento extranjero.

Como he mencionado, los internos del área en donde estaba nuestra celda sólo podíamos estar en el patio una hora de cada día, teóricamente para evitar cruzarnos con otros internos que pudieran dañarnos.

El periodista y el extranjero éramos políticamente comprometedores en caso de que sufriéramos algún accidente, igual que el "quíntuple homicida" preso por consigna del Gobierno del Distrito Federal más que por las pruebas acumuladas en su contra; "el Cholo", quien ya había sido herido en el área común, quizá por otra banda; Granier, quien culpable o no de los delitos fiscales de los que le acusaban era sin duda también un preso político; y Miguel Ángel, el futbolista envuelto con polietileno mientras policías federales lo golpeaban para que se confesara culpable de un secuestro.

Sin embargo, algunos de nosotros obteníamos permiso para bajar al patio aunque no tuviéramos visita, a veces por la buena voluntad de los jefes del turno –a quienes veíamos cada 72 horas– y en otras porque alquilaban la celda para las visitas conyugales y nos necesitaban fuera.

T, uno de los jóvenes sin padre al que visitaba su madre para llevarle comida, nos compartía vasos de refresco, generosos trozos de chicharrón y algún guisado del que yo probaba apenas un taco porque procuraba ir al baño lo menos posible.

La señora vive de la venta de comida en escuelas y su hijo le ayudaba. Había terminado la preparatoria en las escuelas inauguradas durante la administración de López Obrador y estaba haciendo los trámites de ingreso en la Universidad Autónoma de la Ciudad de México cuando ocurrió el incidente que le cambió la vida.

Él y otro joven de su barrio habían competido por el amor de una señorita, que lo prefirió a él a pesar de que no tenía auto pero sí fama de buen y esforzado hijo, ya que estudiaba y trabajaba.

El rival no le perdonaba y cada vez que dejaba a la novia en su casa, este se quedaba a esperarlo para insultarlo.

La última vez ya no aguantó las majaderías, cerró el puño pero lejos de destinarlo a la cara de su rival lo estrelló en uno de los cristales laterales de su auto. El despechado no lo acusó de daños, sino de haberle robado su cartera. T ya estaba resignado a que no estaría menos de seis meses encerrado, mientras se desarrollaba el proceso. Hacía todo lo posible por alejarse de problemas con otros internos mientras su madre hacía acopio de todos los diplomas por servicios a la comunidad que había acumulado, con la esperanza de que el juez fuera benigno y le concediera una sentencia con fianza.

Al fondo del corredor de la crujía estaba Saúl, un muchacho de 23 años acusado de secuestro junto con su esposa de cuarenta y tantos y su hijastra, casi de la misma edad que él.

Saúl sí era huérfano de madre, y trabajaba a veces como guardia de seguridad y otras como chofer de pasajeros interurbanos.

La consorte le presentó a Saúl a una persona que le dijo que le ofrecía un dinero por guardarle una mercancía en su departamento. Saúl aceptó, aunque imaginó que había riesgo de que se tratara de objetos robados. Lo que le llegó fue un hombre maniatado. Él dijo que no, que ese no era el trato, pero le refutaron que no había marcha atrás y que de no aceptar dañarían a la mujer e hijastra.

Poco después llegó la policía al rescate, liberó al rehén y encarceló a la familia que lo custodiaba, pero nunca dio con los autores del secuestro.

Saúl tiene padre y una hermana, pero no le visitan ni tienen los recursos para defenderlo de un delito tan grave.

Me pide que le preste mi tarjeta y le condiciono que no tarde, pues yo también quiero comunicarme con mis familiares. A esa hora, afortunadamente, los presos que sólo contamos con una hora en el patio ya no tenemos encima a los "concesionarios" que cobran diez pesos adicionales por usar los teléfonos de tarjeta.

Me la regresa, llorando. Me cuenta que durante la tortura destrozaron los tímpanos de su esposa. Quedó sorda y piden 100 mil pesos para operarla.

La hijastra —en ese momento se entera— estaba embarazada y con la golpiza estaba en peligro de abortar.

A los coacusados de un delito se les llama *causas*. La de Saúl se llama Miguel Ángel.

La policía ya tenía a los custodios del rehén en un domicilio del Estado de México, pero les hacía falta al menos un secuestrador.

Miguel Ángel había asistido esa tarde a un fisioterapeuta. Futbolista profesional, llegó a jugar en la Primera A con el Pumas-Morelos, pero una lesión le sacó de ese circuito y tuvo que contratarse con empresas, sobre todo llanteras que tienen equipos semi profesionales integrados por jóvenes sobresalientes para representar a la marca.

Estaba acompañado de una joven. Entró a un Oxxo en la colonia Vallejo y le compró unos cigarros. Al salir, lo subieron a una camioneta, lo enrollaron en papel celofán —como una mercancía para la mudanza— y le golpearon mientras sentía la asfixia. Entre tanto, le golpeaban preguntándole por un secuestrado.

Sin poder más, reclamó a los policías que ya lo mataran pues era imposible decir nada pues nada sabía. Lo bajaron del primer vehículo y le pusieron como condición que dijera que lo habían capturado en otra camioneta. Miguel Ángel y su amiga iban a pie. Sabe manejar pero no tiene vehículo propio.

Ya durante el proceso, le mostraron el video con las imágenes de un hombre conduciendo una camioneta. Es la que le obligaron a abordar. El tipo lleva el brazo fuera, es un hombre moreno sin tatuajes. Miguel Ángel tiene los dos brazos cubiertos de dibujos, como se ha puesto de moda en su profesión.

Pidió que se demandara la grabación de la cámara del Oxxo, que seguramente lo mostraría pagando los cigarros de su amiga y el refresco de él; se lo negaron. También que se corroboraran las marcas de la curación que le hizo ese mismo día el fisioterapeuta. Nada.

La policía nunca explicó como un secuestro cometido en Tecámac, Estado de México, había culminado con una detención en Vallejo, en la Capital de la República, al menos a 37 kilómetros de distancia.

Parece que alguien alegó que fue una persecución. Pero si la policía que hizo la captura de Miguel Ángel era de la Ciudad de México, ¿qué hacían en Tecámac?

El acusado cree que lo entregaron policías locales a los federales.

¿Por qué y para qué? Una hipótesis: los que cometieron el secuestro fueron policías de la Ciudad de México, y como la policía federal ya había localizado al rehén en la casa de Saúl buscaron apresuradamente a un chivo expiatorio. Miguel Ángel caminaba con una mujer. Capturándola a ella lo ablandaban a él.

De hecho la mujer también estuvo presa unos días, pero la liberaron. A él no.

El Rancho

Generalmente, quienes tienen la fortuna de poder pagar cien pesos diarios por la celda, también cuentan con una parrilla para cocinar y una mesita que pueden colocar fuera de su celda para consumir alimentos, pero ese es un privilegio que acaso alcanzará al 10 por ciento de los reclusos del área de ingresos.

Tal vez, entre las cosas básicas que nos distinguen a los seres humanos del resto de los animales, está el dormir en posición horizontal sobre una superficie elevada del piso y comer sobre una mesa. Ambas cosas son privilegio de muy pocos en los reclusorios, al menos en la Ciudad de México.

Y eso de "lavarse las manos antes de comer" de veras que es un chiste si alguien lo dice en el Reclusorio.

Tras la señal de levantarse, horas antes del amanecer, empieza la fajina. Si el preso tiene diez pesos puede evitarse la pena de pasar una hora de frío mientras llega la hora de la lista, en este caso el custodio llegará hasta la celda.

El utensilio de la mayoría para que le vacíen una cucharada de huevos revueltos con soya y medio litro de harina de sabor disuelto en agua –a la manera del atole–, son envases de plástico que originalmente contuvieron yogurt. La otra única variante, es un líquido oscuro con una lejana reminiscencia al sabor del café y bastante insípido.

Un pequeño vaso de unicel con un café más fuerte puede ser comprado en cinco pesos; esto, los polvorones de a dos pesos y las donas de cuatro pesos (simple harina con agua espolvoreada con azúcar, pero bastante abundante y con un peso de más de cien gramos), son las cosas más baratas que se pueden adquirir en reclusión.

Por la tarde, la comida se reduce a una fila con dos botes, una para el plato fuerte y otra para medio litro de agua pintada que simula el color de alguna fruta, pero que ni remotamente sabe a alguna. Lo más horrible, tortillas remojadas o rajas de chile poblano. Lo más aceptable: soya en forma de surimi de cangrejo cocida con papas; maíz hervido con lechuga –como pozole sin carne–, y pollo cocido con verduras.

Los reclusos pueden llevarse el bote a su celda, pero ¿quién quiere comer de pie entre las literas? Así que la mayoría opta por sentarse en el piso rogando que no se siente junto un bravucón que con cualquier pretexto te dé un codazo para derramar los alimentos, o uno de esos que escupen y se limpian la nariz con las manos.

Antes del oscurecer se sirve la cena.

Los días de visita, a eso de las ocho de la noche, es frecuente que alguno de los presos comparta con sus compañeros de celda el contenido de alguna cubeta con alimentos que le han traído de su casa. Estos alimentos se toman de pie porque no hay espacio para otra cosa, pero es de lo mejor que se puede consumir.

Los detenidos en el área de "medida cautelar por orden de un juez" que, como ya se ha mencionado, son los que corren peligro de agresión de otros internos, son extranjeros o ricos, reciben la comida en sus celdas. Suelen ser muy bien tratados por los presos que llevan las cubetas con comida. En estos casos, si el pozole lleva carne, les toca una pieza de pollo.

En mi caso, cuando ya fui trasladado a estas celdas, pedía, y me concedían, que me sirvieran muy seco. Aunque ya estaba en una celda con excusado, todavía me preocupaba utilizarlo lo menos posible.

Los presos "importantes"

Cuando me cambiaron a esa área especial, "el francés" me presentó con los otros detenidos diciendo que era periodista. A uno de ellos, de apellido Granier, de cabello revuelto y permanente ansiedad, le dije que confiaba salir pronto y que si podía relatar su historia, contara conmigo.

Con él, en esa área, creo que todos nos sentíamos más protegidos. Un policía pasaba la noche sentado ante las rejas de su celda. Teníamos el presentimiento de que Granier saldría pronto ya que lo acusaban de un delito de evasión fiscal y sólo era cuestión de pagar una fianza –millonaria–, pero que dadas sus relaciones podía conseguir.

Pero además, Granier se granjeaba a todos compartiendo los bienes más escasos que hay en prisión, pastillas para dormir, papel higiénico, pasta de dientes… y al permitirnos pasar a su celda para llenar los botes de agua con los que limpiábamos los excusados.

Creo haber dicho líneas antes, que una de las mejoras al cambiar de celda fue que había un excusado con agua corriente: mentí o fue un *deja vú*. La única celda en la que el excusado funcionaba fue la que le dieron a Granier, y un par de veces pude usarlo por cortesía del presunto evasor.

Por cierto, la única vez que conversé con él brevemente me confesó que detestaba a los periodistas porque reproducían solo una parte de las versiones de los hechos. Me dijo que Arturo Núñez, el gobernador perredista de Tabasco, había jurado meter a la cárcel a su papá y a él también. Recordé una noticia que me había parecido muy alarmista en torno al guardarropa del ex mandatario tabasqueño. Le di la razón.

Dos noches después supimos que sus abogados habían conseguido su libertad en dos juzgados, pero faltaba el oficio en un tercero y no sabían si llegaría a tiempo. Si llegó. Tuve tiempo de felicitarlo y se disculpó por lo que había dicho de los periodistas; le reiteré que quizá había pocos, pero si existíamos los que intentábamos ver otros ángulos de las noticias.

Su ausencia se hizo notar de inmediato.

Esa madrugada, un custodio cuyo apellido empezaba con Z, nos despertó a gritos a "el francés" y a mí. Reclamaba que le devolviéramos sus cobijas y la colchoneta que estaba en la litera.

Mi compañero de celda perdió el soporte acolchonado, y yo me quedé con unas colchas raídas que apenas me cubrían. Fue entonces que me empezaron los accesos de tos, sobre todo por las noches y en las primeras horas de la mañana.

A diferencia de la 1/7, en estas celdas la mayoría de los internos podían hilar varias frases sin que se filtrara ninguna vulgaridad o albur, como ocurría en el resto de la zona de ingresos. Pasaban varias horas del día jugando algo parecido al *backgamón* o viendo partidos de fútbol en la celda de Tranquilino, el inculpado de un multihomicidio.

Una tarde, me llamaron mis vecinos para ofrecerme un plato de arroz con huevos y salchichas, que agradecí sinceramente ante la insípida opción de "el rancho", que varias veces decliné sin esfuerzo alguno, porque había perdido el apetito.

Me dijeron que me llamaban aparte porque ya no le querían dar a "el francés", pues este era "muy mandón y tacaño". En cambio, a mí me lo compartían sin costo, pues sabían que no tenía dinero.

Otro día, me hicieron pasar a la celda de Tranquilino a ver algún partido de fútbol. Él contaba con una pequeña televisión y una reproductora de DVD.

Abraham Torres Tranquilino, quien un día fue orgulloso egresado de la Academia de Policía del Distrito Federal, y quien se había imaginado una vida de servicio honesto, salió de su casa en el centro de Xochimilco la mañana del 31 de julio de 2015. Las cámaras públicas debieron captarlo; sin embargo, no fueron estas imágenes las que presentaron un mes después por televisión, sino otras que presuntamente lo ubicaban en Narvarte, en la misma calle donde se cometió el quíntuple asesinato de cuatro mujeres –una de ellas activista pro derechos humanos, otra era la sirvienta de la casa, a la que acababan de contratar, y dos modelos, una colombiana, la otra, del norte del país– y un fotoperiodista que había recibido amenazas en Veracruz, después de que documentó como la policía había dado una paliza a un grupo de estudiantes que celebraban una fiesta.

Torres Tranquilino acudía todos los días, hábiles e inhábiles, a un comercio de la familia donde reparaba teléfonos celulares. La Procuraduría del Distrito Federal que lo involucró en el quíntuple asesinato nunca le aclaró a los medios que tenía un medio honorable y comprobable de ganarse la vida.

Si se trataba de un caso de tan alto impacto, ¿por qué este presunto asesino se mantuvo un mes completo sin moverse de su casa, en lugar de huir?

Si se trata de un caso relacionado con el narcotráfico, ¿por qué se ensañaron más con la conocida de Rubén, y activista pro derechos humanos, Nadia Vera? ¿Es cierto o no que según los peritajes fue a ella a quien estrangulaban delante del periodista? La Asociación Nacional de Abogados Democráticos tiene la hipótesis de que para hacer confesar a un hombre, lo más fácil es torturar en su presencia a una mujer.

La complexión física de Tranquilino parece totalmente insuficiente como para someter con tal fuerza a una persona. No soy sicólogo, pero si tengo un poco de sentido común: ese joven que me platica su historia, no tiene la patología mental como para cometer un crimen tan horrendo, uno que no tiene el propósito sólo de asesinar, sino de dejar un mensaje de terror.

Si Abraham Torres Tranquilino había sido pareja de Mile –la modelo colombiana–, e incluso habían rentado un departamento meses antes en la calle Patricio Sanz, en la Colonia del Valle, ¿qué motivos podía tener él para ensañarse de tal manera con las dos únicas personas que tenían en común haber escapado de Veracruz –justamente Rubén y Nadia– a quienes no conocía previamente?

¿La complexión física de los ahora detenidos por el caso Narvarte les daba la fuerza suficiente para golpear con tal contundencia a las víctimas? Hay la presunción de que los asesinos deberían superar el 1.85

y la media de fortaleza física de los mexicanos. No es el caso del Torres Tranquilino, delgado y al menos 11 centímetros más bajo.

Las videograbaciones de la calle donde se encuentra el edificio de la escena del crimen, ¿son las únicas o sirven para escamotear otras escenas que no se hicieron públicas? ¿Podrían mostrar a la opinión pública las 24 horas de grabación de ese día para ver si entre todos encontramos algo que la Procuraduría no vio?

De las manchas de rostros que se ven en las grabaciones, ¿nos podrían mostrar acercamientos que no dejen ninguna duda de la hora, y de la identidad de las personas que ahora están encarceladas en relación al Caso Narvarte?

¿Por qué la PGJDF filtró a medios de dudosa reputación ética, información que condujera a la opinión pública a concluir sin pruebas que se trataba de un crimen de narcotráfico?

¿Los celulares en poder de las autoridades dan alguna pista de por qué regresó Rubén a la casa de

Narvarte cuando ya se había retirado? Lo que se insinúa es poco importante pero ¿recibió una llamada de Nadia pidiéndole auxilio? ¿Recibió cualquier otra llamada que pueda explicar ese regreso?

¿Alguno de los implicados ahora detenidos dio positivo a cualquier prueba que mostrara que dispararan un arma de nueve milímetros como la que se usó en la quíntuple ejecución? La Academia de Policía del DF no entrena en el uso de silenciadores, ¿o sí?

Contra los ahora detenidos por el Caso Narvarte puede haber varias pruebas circunstanciales, pero ninguna que conteste las preguntas básicas: ¿por qué?, ¿para qué?, ¿cómo? Por cierto, el Mustang no tenía el valor de lo que manejan los narcotraficantes. Además, si Mile se encontraba en casa de Nadia es porque no le alcanzaba para pagar un departamento sin apoyo. El perfil sicológico de la gente capaz de cometer un crimen así, tampoco parece cuadrar con el de los jóvenes detenidos.

Abraham me ha contado que varias veces llegaron hasta su celda para torturarlo, amenazándolo de que si no firmaba confesiones afectaría a su familia. No vio la necesidad de hacerse el héroe a costa de la vida de las mujeres que ama. Tampoco la había de prolongar la tortura, si de todas maneras acabarían por hacerlo firmar.

Le digo que es mejor que no me cuente más. Si no es pánico, sí es un fuerte temor de que en la celda pueda haber micrófonos escondidos. Si es así, o me van a inventar algo para que no pueda salir a contar su historia, o lo van a castigar a él. Me voy de regreso a mi celda oscura.

Pero ¿por qué él?, ¿cómo fue que se convirtió en un chivo expiatorio?

Abraham conoció a Mile en una fiesta. Se gustaron. Vivieron juntos. Se pelearon. Torres Tranquilino regresó a la casa materna. Cambió su número telefónico. Ella no podía seguir cubriendo el costo del departamento en la Colonia del Valle, una de las más caras de la Ciudad de México. Buscó un departamento para compartir, se lo ofreció Nadia.

Pasaron las semanas y uno que otro mes. Un día, Abraham Torres Tranquilino se encontró a un viejo amigo de ambos, y este le dijo que Mile lo estaba buscando.

Cuando la asesinaron, la policía vio en su teléfono móvil la agenda. Aparecía el número de Tranquilino. El sospechoso usual. Lo aprehendieron junto con dos personajes cualesquiera, a los que no conocía, trabajadores eventuales en las calles de la capital que pronto iba a llamarse Ciudad de México, pero que aún se conocía con el nombre oficial de Distrito Federal.

¿Y eso es todo?

No, había otra razón por la que Tranquilino resultaba un buen sospechoso. Había trabajado un día como policía después de salir de la Academia. A los policías no los quiere la mayoría de la gente honrada. Pudiera ser que nadie pusiera en duda su culpabilidad. Así fue.

El primer día de Abraham tras salir de la Academia, los enviaron a lucirse al Zócalo, desarmados.

Esa mañana hubo un operativo en Tepito por lo que los cadetes, todavía con el uniforme fragante por su olor a nuevo, fueron llamados como refuerzo.

Los delincuentes se parapetaban en un edificio de angostas ventanas. Los policías, en su mayoría obesos, no tenían ni la agilidad ni la talla para introducirse por uno de los costados.

Torres Tranquilino sí, así que se ofreció como voluntario. Abrió la puerta. Entró la ley. Él salió con uno de los malhechores y un reportero de *Milenio* entró con un celular. Cuando nuestro protagonista volvió a entrar, a uno de los detenidos le metían la cabeza en una cubeta de agua. Había habido balazos; los viejos policías estaban furiosos e hicieron lo que acostumbran antes de poner a los detenidos a disposición del Ministerio Público: torturarlos.

El reportero grabó la cabeza del presunto sumergiéndose en agua. La toma no muestra quien le sujeta la cabeza. Abraham Tranquilino era el nuevo, lo responsabilizaron a él.

Así que cuando su número apareció en el teléfono de Mile, la Procuraduría encontró al sospechoso perfecto. Los crímenes como el de Narvarte no son usuales en la Ciudad de México, mucho menos en esta zona residencial. Feministas y periodistas ejercían una presión más allá de lo habitual. Un mes después del crimen, lo detuvieron.

Lástima que el periodismo habitualmente tenga una memoria tan corta. No se presentaron más a darle seguimiento al juicio.

Unos gatilleros, especialmente sádicos, entrenados en el uso del silenciador y la tortura gozan hoy de su libertad. Abraham y otros dos pagan por ellos.

Injusticia para todos

– Las cosas están como nunca: la Procuraduría lanza acusaciones por todos lados a ver quién se cansa de pelear.

Escucho esta conversación en uno de los elevadores del Tribunal Superior de Justicia del Distrito Federal, un precioso y moderno edificio construido sobre la calle Niños Héroes de la Ciudad de México, donde se albergan las salas de justicia. Sin duda, uno de los más grandes logros en la administración de Miguel Ángel Mancera, en la forma pero no en el fondo, a juzgar por lo que comentan estos abogados.

Hablan de un inmueble sobre el cuál se pidió la extinción de dominio –seguramente porque fue escenario de algún ilícito– pero añaden que ni las autoridades lo ocuparon, ni permitían a sus propietarios usarlo.

Las canas en los cabellos de los abogados, son un indicio de que saben de lo que hablan. La judicialización ha alcanzado límites de corrupción como nunca antes, hasta donde les alcanza la memoria.

Todavía era Mancera procurador de justicia, cuando se anunció en los medios de comunicación –con bombo y platillo– que se había encontrado un garaje con autos de lujo (Cadillac, Audi y otros), por lo que se solicitaba la extinción del dominio.

Tras la noticia en televisión, los reporteros nunca se molestaron en preguntar a los acusados. Resulta que de todos y cada uno de los autos se acreditó la legalidad, ya que se trataba de un taller mecánico especializado. Al final, lo único que quedó en duda fue un motor armado, pero eso no alcanzaba para extinguir el dominio.

En 1997, cuando Cuauhtémoc Cárdenas se convirtió en el primer jefe de gobierno electo en la Ciudad de México bajo las siglas de organizaciones políticas distintas al PRI, se produjo una auténtica epidemia de robos en taxis, organizada por policías judiciales. Los robos y secuestros "exprés" tuvieron un auge sin precedentes que, afortunadamente, no se repitió en los mismos niveles de violencia hasta ahora.

Las piernas de las víctimas fueron perforadas con desarmadores, y hubo muchos casos en que las golpeaban en el rostro con esos anillos metálicos llamados "boxers" antes de pedirles los números de identificación personal de sus tarjetas de crédito. Si resultaba que tenían más de 5 mil pesos disponibles por día, el riesgo de morir era alto, porque entonces los retenían para volver al cajero pasadas las 12 de la noche.

Quizá algo similar está pasando ahora con el sistema de justicia. Los nuevos controles, a lo mejor, frenan mucho la corrupción pero, previniendo esto, un buen número de jueces y ministerios públicos están procurando robar lo que se pueda, mientras se pueda.

He acudido al Tribunal el 17 de junio y el 4 de julio; la primera vez a una audiencia en la que no se requería mí presencia y en la que se presentaría la apelación a la orden de formal prisión; y la segunda con la esperanza de entrevistarme con la magistrada que daría la resolución.

Mi aprehensión se produjo antes de que dieran inicio los juicios orales. Cuento con varios recibos firmados por mi casero que echan por tierra que mi contrato no fuera válido. La secretaria me dice que sí me puede ver la magistrada, pero no será ahora, sino hasta que el proyectista haya presentado sus conclusiones. ¿Y si entonces resulta demasiado tarde?

La secretaria me dice que no es así, que el procedimiento es que la magistrada revise el proyecto y confirme si está bien fundamentado, o no. Supuestamente, antes de su veredicto podría hablar con ella. El proyecto dirá si se concede la anulación o no del auto de formal prisión. Tengo que esperar. Seguir esperando.

Aunque 65 días antes salí del Reclusorio Oriente, mi libertad sigue siendo condicional.

Montoneros. Mi servicio exterior

En 35 años de carrera periodística siempre había querido realizar el reportaje que ahora tenía oportunidad de documentar, pero nunca me habría atrevido.

¿Por qué había llegado a la cárcel? Evidentemente, fue una presión extrema para despojarme del departamento que ocupaba. Hubiera sido más fácil y simple alegar que debía rentas, pero el caso es que durante cinco años, y sin que yo lo supiera, diversos jueces penales habían desconocido la personalidad jurídica de la demandante.

Una revisión posterior del expediente mostró una herencia a una persona distinta. Aparecía también un documento oficial en el que se indicaba que "hecha una búsqueda exhaustiva no se encontró otra herencia", pero resulta que, mágicamente, después siempre sí apareció otra.

El 25 de abril me notificaron que tendría que acudir ante el juez. Mis compañeros de la primera celda que ocupé me aseguraron que ya no iba a regresar. Para entonces, siete días después de mi detención, ya estaban convencidos de que todo había sido producto de un montaje.

Los presos de Tepito tenían buena ropa, uno de ellos me prestó un pantalón beige de la mejor marca que pudiera haber. El único problema es que para entonces yo ya había perdido cerca de diez kilos, tuve que doblar la cintura para que no se cayera, lo que resultaría más dramático que chusco porque con las esposas no podía sujetármelo de otra manera.

Me prestaron un rastrillo, gel para el cabello y una camisola de camillero del Seguro Social –también beige– para que me presentara ante el juez de la forma más digna posible.

El 25 de abril, como a las cinco de la mañana, me mandaron llamar al lugar donde me introducirían a una camioneta completamente cerrada y asfixiante, junto con otros siete reos: uno de ellos acusado de posesión de drogas, y los otros, de delitos menores no violentos. Me colocaron las esposas.

Desde el Reclusorio Norte al Oriente, la camioneta tardó un par de horas. Para entonces ya había amanecido. Esa fue apenas la primera parada; la segunda fue cuando los custodios se detuvieron a desayunar.

Nosotros en el interior de la camioneta nos asábamos. Hambre no creo que tuviéramos, y además con el zangoloteo y los frenazos es posible que nuestros estómagos no hubieran podido retener nada.

Uno de mis compañeros de suplicio dio un golpe al metal y pidió que prendieran el aire. Nos ventilamos un poco. Además, abrieron dos centímetros una puertecilla que permitía atisbar a la cabina de los conductores y que entrara algo de luz. Tras unos 15 minutos del almuerzo de los policías, seguimos avanzando. Reconocí que avanzábamos por Lázaro Cárdenas. Todavía no llegábamos al destino final: hicimos una parada en los tribunales de Niños Héroes, donde bajó otro reo, antes de llegar a los juzgados de delitos penales no graves en la calle de Isabel la Católica.

Ahí descendimos unas cinco reses –bueno, personas, pero el viaje fue como si se tratara de animales destinados al rastro–. Nos liberaron una mano de las esposas y nos permitieron entrar a un baño, solo para orinar; no había papel higiénico.

En contraste a la camioneta, las celdas eran muy frías. Ahí esperé unos cuarenta minutos antes de subir, custodiado y esposado, a la escalera que llevaba al primer piso, donde se ubicaba el juzgado penal.

Ahí me esperaban mis hijos, esposa, nuera y sobrinos, uno de ellos abogado principiante. Con todos ellos ahí, apoyándome, me sentí confiado de que saldría de ahí mismo a la calle.

El abogado dijo que me reservara el derecho de declarar. Espanto. Eso significaba que tendría que posponerse la audiencia.

Mientras mi sobrino negociaba el chantaje de mis acusadores, quienes exigían 100 mil pesos para otorgarme el perdón, yo hablé con el juez. Le pedí revisar mis antecedentes, entre los cuales había dos premios del Fondo para la Cultura y las Artes. Le solicité que me fijara una fianza más baja, una para la cual no me exigieran un bien raíz, del que no disponía, en garantía.

Me dijo que no era cosa suya y sugirió que negociara con mis acusadores. Así lo hizo mi sobrino, ante la oposición de mi abogado, que decía que bastaba desocupar el departamento para que la parte acusadora se diera por satisfecha.

Regresé a la cárcel.

Durante los siguientes doce días, que parecieron interminables, mis hijos se dedicaron a buscar recursos, organizar conferencias de prensa y, lo más difícil, a desalojar el departamento donde habíamos vivido casi diez años.

Si por mí fuera, hubiera sido mucho más sencillo: lo mejor de mi vida cabía en un archivero y todo mi vestuario en una maleta, pero la madre de mis hijos padece un síndrome de acumulación. Si entraba a la casa un envase plástico de yogurt, podía tardar años en sacarse a la basura. En docenas de bolsas había pantalones y camisas del uniforme de primaria de mis hijos, cuando ya habían salido de la licenciatura.

Dos camiones de basura fueron insuficientes para desalojar del todo el departamento y, todavía así, se depositaron diversos objetos del menaje de casa al menos en cinco inmuebles y bodegas.

A pesar de que la familia *echó montón*, el síndrome de acumuladora de la madre fue una de las causas de que mi prisión se alargara otros doce interminables días. Mientras tanto, yo me las avenía en la celda con un pantalón (de resorte, lo que resultó una bendición), dos camisas y dos cambios de ropa interior; más tarde "el Cholo" se conmovió con mi frío y me proporcionó un suéter. Los periodistas debemos viajar ligero.

Otros presos podían usar cinturón y hasta celulares. Yo no tenía tanta suerte. Ni siquiera tenía lentes y en el interior de la segunda celda mi presbicia me impedía enfocar las líneas de *La cabeza de la hidra*, la novela que me habían hecho llegar hasta la celda.

Aun así, logré terminarla pidiéndole prestados a "el francés" los suyos.

Otras lecturas fueron proporcionadas por un químico que estaba detenido por no licitar una compra de un millón de pesos para la UNAM: *Quincalla*, la novela sobre un policía honesto de principios de la primera mitad del Siglo XX, *Charlas de café con Felipe Ángeles* y la segunda mitad de *El hombre en busca de sentido,* de Víctor Frankl. La primera mitad me la salté, pues no quería deprimirme más con las condiciones en los campos de concentración nazis. Buscaba las conclusiones para saber cómo encontrarle sentido a esta experiencia que consideraba, y aún considero, una injusticia. El encarcelamiento es en sí mismo una forma de tortura.

Recuerdo que en la secundaria, cuando contesté un examen vocacional que me parecía obvio, los resultados fueron que debía ser arqueólogo, detective o periodista, las tres profesiones implicaban develar misterios, investigar y, sobre todo, trabajo en exteriores. Mi signo zodiacal caldeo es sagitario, mitad caballo, mitad humano, un centauro pues; mi signo chino, Jabalí, y el azteca es Conejo.

Me siento genéticamente programado para los espacios abiertos. La prisión seguro es un drama para todos, pero para mí seguramente era un poco más que para el promedio.

Morales, uno de los mejores policías que hay en el Reclusorio Oriente y que me devolvía el dinero que me pedían otros presos encargados de recaudar las cuotas, me dijo que la cárcel es como uno quiera hacerla: un infierno o una estancia inevitable.

Sí, eso era posible con él, pero no con otros custodios, como Z o el Chuy quienes odian su trabajo y se empeñaban en hacer la vida de los internos lo más miserable que podían.

Madrugada del 30 de abril de 2016

—Sé que muchos de ustedes van a sentir el impulso de incendiar la ropa beige para no recordar su tiempo en prisión. Yo les voy a dar un consejo: mejor rocíense gasolina y préndase fuego ustedes. Eso es lo único que les garantiza no volver a prisión.

Son las tres de la madrugada, hora en que empiezan las liberaciones en el Reclusorio Oriente de la Ciudad de México.

Antes, el hombre de negro que se dirige a los once hombres a punto de alcanzar la libertad, les amenaza:

> La institución ha decidido que no se pueden ir hasta las siete de la mañana, cuando haya el primer metro. Lo hace no por su seguridad, sino para impedirles la tentación de pasar a la primera tienda a robar.

Cuando esto ocurre, los pre-liberados ya han permanecido tres horas de pie y superado cuatro interrogatorios idénticos. Siete horas antes –en promedio– un funcionario del Tribunal Superior de Justicia del Distrito Federal les ha entregado una cédula donde dice el juzgado, el delito que se les imputa y la forma en que obtienen su libertad: por haber compurgado la pena completa, libertad provisional o absueltos.

Cuando el funcionario del Tribunal se retira, deja al pre-liberado en compañía de otros presos, quienes amablemente le informan que datos se tiene que aprender de memoria. Antes de llegar a esta zona, a cincuenta metros de las celdas de ingreso, le han pedido diez pesos para cooperar con otro reo que le ha acompañado los primeros treinta metros mientras le daba la feliz noticia.

"Vas a tener que cooperar para la cena de los jefes". Es el aviso de los amables reos que han aleccionado por los datos que habrá que repetir en las siguientes exclusas. El segundo desembolso en diez minutos.

Regreso a la celda. En algunos casos compartida hasta con treinta personas, de las cuales sólo cuatro tienen derecho a litera de metal, ocho personas más duermen en el piso y el resto normalmente se mantiene de pie, amarrado a los excusados, o duerme en los corredores.

A la medianoche empiezan a trasladar la remesa de los primeros once inculpados que saldrán de prisión.

- ¿Nombre de los padres?
  - ¿Edad?
  - ¿Fecha de Ingreso?
  - ¿Juzgado?
  - ¿De qué manera obtiene su libertad?
  - ¿Religión?
  - ¿Habla algún dialecto?

Uso los signos de interrogación como mera fórmula. La verdad es que cada frase es pronunciada como una orden, no como pregunta.

Si alguien duda, la primera vez sólo hay una advertencia: "si vuelves a equivocarte, cachetadón".

- ¿Quieres salir rápido? Con cien pesos te lo arreglamos.

  –Ya di todo lo que tenía, ¿pueden pedirle a mis

familiares que están afuera?
– No pues, ya te jodiste, no se puede.

La tercera ocasión, los pre-liberados, son interrogados por trabajadoras sociales; la cuarta, por un solo policía medio dormido, que tarda al menos 15 minutos en cada interrogatorio. Para entonces, ya superamos las tres horas de pie, si alguien quiere colocarse en cuclillas o sentarse, lo amenazan a gritos.

El quinto guardia –el que ha sugerido a los detenidos quemarse como bonzos– ha gritado fuerte: ¡bastardo! Alguien se puso nervioso y no supo decir libertad provisional.

En fila india caminamos por un túnel. Ahora sí nos ordenan sentarnos. El guardia de humor negro, revuelve las cédulas de liberación. Quienes tenían la esperanza de ser liberados primero, quedan al final. Uno a uno son llamados a recorrer otros treinta metros de un laberinto.

Piden sentarse en otra área, ubicada veinte metros más adelante. Ahora es obligatorio sentarse; si se levanta la cabeza, hay amenaza de golpes.

En esa última sección, otro policía, compasivo, nos dice:

–Ya nada más que venga la jefa. Diez minutos.

En lo que esperamos, un hombre y su cuñado me cuentan su historia. Venían una noche por Avenida Revolución. Retén. Les colocaron armas de alto poder en su coche y docenas de tarjetas de crédito. Luego, les retiraron las armas, pero les dejaron el cargo de tarjetas clonadas. Les revelo quien soy.

–¿Un reportero encubierto?

Me gusta la idea pero también me asusta. Me llevo un dedo a los labios. Si me descubren, me van a inventar cualquier cosa para no dejarme salir.

Me relatan que ya han pasado ocho meses antes de esta noche, desde el retén y atraco policiaco. Se van absueltos. De entre miles de presos, pertenecieron a los 25 internos de toda la cárcel que menos sufrieron. El costo: mil pesos por semana, con derecho a litera de metal, sin colchón, y una mesita en el corredor de veinte metros, colocada afuera de la celda.

De la forma en que se producen 9 millones de pesos a la semana en el Reclusorio Oriente, no hay que entrar en detalles. Hay cosas que se pueden cambiar y otras que no. Descubrirlas empeoraría el descenso a los círculos del infierno cancelario. Ser indígena, inocente, ignorante, indigente o pobre: todas estas características las tienen a la vez los presos de los pueblos originarios. Además de ser humildes. Ellos, los que lavan gratis los tenis, y las ropas de los presos por delitos contra la salud, son prácticamente esclavos.

Cuando un rumano acusado de clonar tarjetas me dijo que el 80 por ciento de los detenidos son inocentes, pensé que exageraba. En el recorrido de 250 metros de la celda a la calle, conocí que uno de los diez pre-liberados había pasado ocho años preso por una acusación de robo de ochenta pesos; otro reconocía haber pasado dos años por robar treinta acumuladores; uno más era un joven de veinte años, visiblemente afectado mentalmente a consecuencia de una temprana adicción a la marihuana. Los ocho restantes consideraban que su tiempo en prisión fue consecuencia de la venganza de una mujer a la que una vez amaron, pero que los acusó de no pagar pensión alimenticia, o de tocamientos sexuales a las hijas para no dividir los departamentos y automóviles que eran parte de lo comprado durante su matrimonio; o, simplemente, porque les sembraron algo en sus automóviles, aunque finalmente no pudieron comprobarles nada.

De las historias inventadas por las procuradurías para encarcelar inocentes, habría material para cien libros. Será para otro tiempo. Ahora, escucho los aplausos de muchas personas que me dan la bienvenida por ser el primer liberado de la noche tras recorrer unos 250 metros en un lapso de cinco horas.

La obra cumbre de la literatura en castellano se llama *El Quijote*, la obra cumbre de la Procuraduría General de la República, "basurero de Cocula"; pero hay miles de ficciones más, tantas como presos en los reclusorios mexicanos.

La magistrada

Cuando obtuve la libertad provisional y otros abogados revisaron el proceso, encontraron que había muchísimas inconsistencias. La principal de todas: el que me hubieran consignado directamente al reclusorio, sin pasar ante un Ministerio Público, ni darme ninguna oportunidad de defensa.

De tal manera que, pasara lo que pasara en el juicio, la apelación ante un tribunal superior debería resolver que se me había negado la oportunidad de defenderme y, por lo tanto, se habían violado mis derechos constitucionales.

La audiencia en la Sexta Sala se fijó para el 17 de junio, 47 días después de mí salida del Reclusorio Oriente por libertad provisional.

Un día antes estuve con mi abogado preparando la apelación. Concluimos con 22 hojas tamaño oficio, en las cuales exponíamos todos los agravios.

A esta audiencia, me dijeron, no era necesario que acudiera pues todos los documentos se presentaban por escrito y bastaba la presencia del abogado defensor.

De cualquier manera intenté llegar al tribunal de Niños Héroes, pero no lo logré a tiempo.

Comparto elevador con dos abogados que discuten una extinción de dominio.

— La procuraduría lanza acusaciones por todos lados, a ver quién se cansa de pelear. Las cosas están peor que nunca.

A pesar de lo ominoso que hay detrás de estas palabras, la conclusión que me dejan es optimista: "a ver quién se cansa de pelear".

Yo no me cansaré, me prometo.

Sí es posible sobornar a un juez, me dicen y lo creo; no sucede lo mismo con un magistrado que tiene un salario mucho más alto.

Tres semanas más tarde, me presento a la Sexta Sala. Allí pregunto si es un tribunal donde deciden tres magistrados o uno solo; me dicen que mi caso lo tiene a cargo la magistrada María de Jesús Medel. Solicito hablar con ella. Sin anunciarme, su secretaria me lo niega. Alega que el estudio está en proyecto y que está previsto que se lo entreguen a la magistrada entre el 12 y 14 de julio de 2016. Que regrese en la primera de esas fechas. Así lo hago.

El 12 de julio me dicen que todavía no lo ve la magistrada y me regresan sin verla. Las vacaciones de los tribunales están a punto de empezar, por lo que el día 14 será mi última oportunidad.

Escribo en mi diario:

> En la esquina de las calles de Veracruz y Avenida Chapultepec, de la colonia Condesa, existe un edificio de estilo Art Decó de tan alto valor artístico como económico. Como se encuentra a las puertas del llamado Corredor Chapultepec –que al final se canceló debido a que representaba inconmensurables ganancias a un grupo privado por usufructuar el espacio público– este edificio resulta un colosal negocio. Y es que a unos cuantos metros se encuentran los rascacielos símbolo de la banca extranjera, este, se dice, sería vendido a Carlos Slim para la construcción de

una más modesta Torre Inbursa, pero resultó que el comprador, que seguramente había recibido información privilegiada, se topó con que el inmueble ya estaba registrado a nombre del modesto negocio de estética que se encuentra al pie del edificio Art Decó.

El comprador enfureció y argumentó que no era posible que esta gente pudiera tener para un edificio tan costoso, por lo que los demandaría por fraude procesal.

Este es un ejemplo de cómo los latifundistas urbanos utilizan el delito de fraude procesal para despojar a la gente que se opone a que riquezas fabulosas se conviertan aún en más cuantiosas.

El fraude procesal es un delito penal, no grave, pero que manejado con los trucos legales, la corrupción de Ministerios Públicos y aún de los jueces, puede llevar a personas a la cárcel. Mientras se averigua.

Y repito los argumentos de *El uso excesivo e irracional de la prisión en México* de Guillermo Zepeda Lecuona, del Instituto de Investigaciones Jurídicas de la UNAM:

> Existe un uso excesivo de la medida porque las cifras y los análisis nos indican que la prisión durante el proceso ha dejado de ser una medida extraordinaria y excepcional, para convertirse en una medida cautelar de uso frecuente, contradiciendo nuestra Constitución y los instrumentos internacionales firmados por México.

Los procesados por fraude procesal, valga la redundancia, son personas de clase media o baja que son asimétricamente representados ante las leyes debido a la fortuna de los latifundistas, todos ellos con cuentas de seis cifras en el banco.

Por décadas, pero sobre todo en el siglo XXI, los especuladores han utilizado este infundio, sea para correr a los inquilinos que deberían ser los primeros con opción a compra en el caso de una venta inmobiliaria, o para correr a los porteros que han trabajado por años para ellos, sin ofrecerles una liquidación ajustada a la ley.

Como no hay jurisprudencia, los latifundistas siguen empleando alegremente este recurso para deshacerse de la gente que teniendo muy poco, acaba por no tener nada al enfrentar los enormes costos que representa liberarse de la prisión, con el riesgo de quedarse con antecedentes penales por delitos inventados.

Uno de estos casos debe ser decidido por estos días en la Sexta Sala penal de la Ciudad de México por la magistrada María de Jesús Medel, quien tiene elementos suficientes para observar que sí se cometió un delito de fraude procesal, pero este fue perpetrado por los acusadores y no por el acusado.

Más que resolver un caso particular, su decisión puede representar un precedente judicial esencial para evitar que la justicia siga siendo burlada.

El 14 de julio vuelvo al impresionante y moderno edificio del Tribunal Superior de Justicia del Distrito Federal. Pido el elevador al quinto piso, paso al baño a arreglarme el cabello y refrescarme, para tratar de causar la mejor impresión posible.

La secretaria me repite que el expediente sigue en estudio. Le digo que me permita entregarle mis apuntes a la magistrada. Dice que no puede recibirlos, pero finalmente me dice que me va a anunciar, que espere.

Paso alrededor de 45 minutos en la sala de espera. Finalmente, me permiten pasar. La magistrada debe tener unos 65 años y, a diferencia mía, usa lentes de forma permanente, yo solo los necesito para leer en interiores.

Por costumbre, extiendo la mano para saludarla. Desde su asiento me dice que hay muchos virus y me la rechaza.

Quiero hablarle de quien soy, de mis antecedentes profesionales y estudios, pero me corta tajante.

¿Por qué no me habla mejor de su asunto?

Le narro que después de ganar un juicio civil mis acusadores lo convirtieron en penal sin notificarme durante más de cinco años, y las circunstancias de mi aprehensión en un auto blanco sin huella alguna de que fuera una patrulla.

Me replica que todos los acusados se dicen inocentes, que me recibe porque tiene la obligación de escucharme, pero que no puede garantizarme más que un veredicto apoyado en criterios científicos.

Le digo entonces que si es así debería resultar inocente. Me acusan de presentar un contrato falsificado, pero no me rebaten los recibos de renta que tienen la misma firma del dueño original y los que siguieron expidiendo tres años después de su muerte.

Dice que eso no es de su competencia, que el abogado defensor debería verificar si procede la documentoscopía (antes le he dicho que aun cuando la firma fuera falsa ¿cómo podría yo haber conseguido el formato del contrato de renta y conseguir la impresora donde se asentaron mis datos, la cual deja huellas únicos e irrepetibles?)

Me dice que sólo le toca verificar la procedencia o no de las actuaciones del juez que emitió la orden de formal prisión. Finalmente, afirma que será después de las vacaciones cuando emita su veredicto.

Pero al día siguiente, cuando todavía no empiezan las vacaciones, me dicen que ya emitió la Sala un resolutivo, el cual se envió al juzgado penal, donde se confirma el auto de formal prisión.

Si el veredicto del Juzgado Primero de lo Penal para delitos no graves me fuera desfavorable, todavía me quedarían dos recursos para apelar o ampararme.

Pero, ¿si no es así? Habrá valido la pena y al menos habré cumplido con un trabajo socialmente relevante como reportero encubierto.

¿Las historias de Víctor Manuel, Arturo, el Cholo y todos los demás, junto con las apreciaciones concretas del integrante del Instituto de Investigaciones Jurídicas de la UNAM acerca del uso excesivo de la prisión, servirán para algo? ¿A alguien?

Es cierto, en México no sólo se encarcela para castigar, para aislar a sujetos que resultan potencialmente peligrosos para la sociedad o para su familia; sino que en una buena parte de los casos es para extorsionar, para chantajear, para obtener un beneficio económico, ya sea para que no se disuelva una sociedad conyugal y uno solo de los integrantes del matrimonio se quede con todo, o para despojar y hacer grandes negocios inmobiliarios a costa de terceros.

Hacen falta más investigaciones especiales. Es necesario que los observadores que ya están colocados dentro de los reclusorios, dentro de las prisiones, tengan más poder que los custodios privados al servicio de los presos ricos y poderosos.

Es necesario que el trabajo que se desarrolla en prisión sea hecho en condiciones dignas, que se haga un inventario mínimo de las cosas de cada prisionero para que al menos tenga derecho a una cobija para dormir y a calzado del que no lo despojen.

En el caso de la Ciudad de México, el negocio de los presos está completamente privatizado, pero no al estilo del capitalismo salvaje sino –peor aún– al de la encomienda del siglo XVI.

Cada reo es un esclavo: la única diferencia es que algunos pagan su estancia con dinero del exterior y otros con servicios de recaudadores de tributos, por el cual no reciben ninguna comisión.

Se paga tributo por comprar una golosina, por la dicha de abrazar a un padre, por un momento de intimidad con la pareja, por una cobija para cubrirse, por no ser despojado de los zapatos, por sentarse en un banco, por el derecho de usar un excusado con la puerta cerrada y por tres trocitos de papel para limpiarse el culo.

Se paga tributo por recibir una notificación en el juzgado, por el consejo de cómo proceder después de que se entrega el auto de libertad provisional o definitiva, por el derecho a detener un dolor de cabeza con una aspirina; por un poco de agua purificada en el propio reclusorio con una mínima garantía de que no está contaminada de bacterias; por colocar una mesita de treinta centímetros cuadrados fuera de la celda, por el derecho de caminar en un área de más de cinco metros cuadrados; porque no te rapen, porque te sirvan un poco de carne en el caldo desabrido de chayotes.

No es que sea el "hotel más caro del mundo" como suelen decir los internos, pero sí el de la peor calidad, considerando los altos costos.

Y sí, claro, hay peores en el mundo. Cuentan que en Venezuela hay prisiones donde los delincuentes circulan con motocicletas y portan pistolas o, cuando menos, armas punzocortantes.

Pero este es mi país, este es mi intento de que las cosas dejen de ser así.

Y es que este país, donde la justicia es una mierda, es también la nación de la cultura más excelsa. No creo que exista ninguna otra nación en el mundo donde sus intelectuales y sus artistas estén más comprometidos con los valores humanos, los derechos civiles y las libertades fundamentales.

Sólo México ha tenido un Carlos Montemayor, literato enorme, novelista que describió la Guerra Sucia como quien analiza cuadro por cuadro una novela épica, cantante de ópera y activista por los derechos indígenas, destaca su biografía. Por los derechos a la dignidad humana, creo que sería una descripción más justa.

La tarde en la que recibo la noticia de que no me conceden la apelación, que está fundamentada la orden de aprehensión emitida después de que cinco veces la negaran distintos jueces que consideraron que era una violación a mis derechos fundamentales, me dirijo al teatro a presenciar *El diccionario*, de Manuel Calzada, protagonizada por Luisa Huertas y dirigida por Enrique Singer.

De unos cuarenta espectadores que hemos llenado la sala, al menos 35 debimos haber terminado con las palmas de las manos ardientes después de tanto aplaudir, tanto al autor como a la actriz.

Recuerdo, entonces, el programa de mano de una obra que duró años en el Teatro de la Juventud, *El extensionista*. Nunca antes, ni después, hubo en ese foro otra obra tan aclamada. Decía el programa de mano que la pieza terminaba en un Do de pecho. Así querría terminar este testimonio, con unas palabras que quedaran retumbando en las conciencias de los lectores y de los jueces que abusan de los encarcelamientos "preventivos".

Ante mi incapacidad, tomo ahora unas pocas palabras de Manuel Calzada en el programa de mano de *El diccionario*.

> Amo a su país porque una vez en el metro del DF vi como un joven vendedor ambulante sacrificaba su artefacto reproductor de CDs con los últimos éxitos de la temporada para que una niña vendiera sus caramelos con su frágil voz de niña (…) porque Europa sería más Europa si hubiera

aprendido de ustedes a acoger personas de otras tierras sin colgarles el sambenito de "refugiados".

Es cierto: en México hay "Argenmex" y personas identificadas por su llegada tras el exilio impuesto por la Guerra Civil española, libaneses y judíos. Hay quienes quieren permanecer refugiados en sus nichos y sus comunidades, pero otros –la mayoría– se integran. Hacerlo o no, significa el privilegio de su libertad.

En el área de ingreso del Reclusorio Oriente, sólo "La Palabra" –la hora en que se permite el adoctrinamiento a través de letanías, cantos gozosos, sermones y lectura de salmos, según si se trata de testigos de Jehová "aleluyos" o católicos– es el momento del día en que algunos reclusos se sienten cerca de la libertad.

¿A quién se le ocurre que un tema tan árido como un diccionario pueda ser argumento de una obra que inspire y emocione? En voz de Luisa Huertas, María Moliner define la palabra libertad.

Los días de reclusión me han dejado sin la posibilidad de leer siquiera los libros donde estudio, de publicar; lo que es mi materia de trabajo y de sustento.

Moliner, autora del "Diccionario de uso del español", creadora de Plan de Bibliotecas del Estado de la Segunda República Española, intelectual y por ello mismo víctima del Franquismo dice, en la obra de Manuel Calzada: "El trabajo es la única honestidad que no me han arrebatado".

Por Víctor Manuel, por Arturo, por el Cholo –que es un asaltante pero no un asesino–, por Abraham Torres Tranquilino, por R, por T y por Saúl; por otros cuyos nombres no recuerdo, pero que creo víctimas desproporcionadas de la injusticia mexicana; también por mí, lo confieso, escribo este testimonio en nombre de las personas apresadas injustamente en el pasado, y las que lo serán en el futuro.

En nombre de ellos (no importa lo que diga el prostituido sistema penal mexicano) que aún en prisión no han perdido el altruismo, la preocupación por el otro y que, probablemente, sean mucho más honestos que otros ciudadanos que jamás enfrentarán esta pesadilla, concluyo este testimonio de 17 mil palabras.

www.ingramcontent.com/pod-product-compliance
Lightning Source LLC
Chambersburg PA
CBHW020923180526
45163CB00007B/2861